Cornelia Adam

Frisch und leicht als Hauptgericht

Schlemmer-Salate

FALKEN VERLAG

Der raffinierte Aufsteiger!

Die Zeiten, als Salat noch eine Beilage – bestehend aus einigen Blättern Kopfsalat, ein paar Tomatenscheiben und etwas Gurke in einer phantasielosen Marinade – war, sind endgültig vorbei.
Heute sind Salate ein Schmaus für Augen und Gaumen, denn es hat sich viel getan in der „Salatszene"! Mittags nimmt man ihn als kleinen Imbiß, abends – nach Konzert oder Theater – dient er als Erfrischung oder Stärkung. Kein Kellner wird erstaunt sein, wenn Sie einfach nur „einen Salat" bestellen, der heutzutage auch bei keinem kalten Buffet und keiner Party fehlen darf. Ob bei offiziellen Anlässen, im Restaurant oder im Kreise der Familie – Salate sind in!
Kein Wunder auch bei dieser Auswahl an verschiedenen Zutaten! Man kann sie nach Lust und Laune kombinieren und seiner Kreativität freien Lauf lassen. Ob aus Fisch, Fleisch, Geflügel, Nudeln, Reis oder Hülsenfrüchten – Ihr Salat wird bei Ihrer Familie und Ihren Gästen immer gut ankommen und entsprechend gewürdigt werden.

Inhalt

Salate – Hochgenuss für Augen und Gaumen!

Lange hat es gedauert, bis die Salate endlich die Anerkennung bekommen haben, die ihnen zusteht. Jetzt haben sie sich allerdings einen festen Ehrenplatz auf den Speisekarten der Restaurants erobert, und auch vom heimischen Küchenzettel sind sie nicht mehr wegzudenken. Das hat seinen guten Grund: die Zutaten wurden viel mutiger kombiniert als früher, die Salate sind sorgfältiger und liebevoller angerichtet, und auf dem Gebiet der Saucen und Dressings hat sich ebenfalls viel getan.

Kleine Warenkunde

Essig und Öl, Salz und Pfeffer, das ergibt die bekannteste und einfachste Salatsauce der Welt. Schade wäre es aber schon, wenn's immer nur dabei bliebe – Salatsaucen lassen sich nämlich beliebig variieren. Hier eine Liste von Zutaten, die Ihre Standardsalatsauce und somit Ihren Salat noch besser, abwechslungsreicher und raffinierter machen. Rühren Sie einfach eine Essig-Öl-Sauce (Sauce vinaigrette, siehe Seite 8), und geben Sie je nach Geschmack und Salatart dazu:

- Käse. Nehmen Sie z. B. mittelalten Gouda oder Emmentaler in feinen Streifen; Mozzarella oder griechischen Schafskäse oder zerbröselten Blauschimmelkäse.
- Croûtons. Das sind geröstete Brotwürfel aus Weißbrot, Schwarzbrot oder Vollkorntoast. Zerbröselter, kurz gebratener Pumpernickel schmeckt ebenfalls prima.
- Senf. Verwenden Sie entweder klassische, scharfe Sorten oder aber auch süßlichen Weißwurst-, körnigen Rotisseur- oder mittelscharfen Senf.
- Zwiebeln. Feingehackte Haushaltszwiebeln, rote oder weiße Schalotten oder grüne Frühlingszwiebeln schmekken gut im Salat.
- Knoblauch. Pressen Sie ihn frisch durch, oder braten Sie ihn – in Scheiben geschnitten – kurz an.
- Kräuter. Nehmen Sie alle Sorten, die der Garten bietet (entweder fein gehackt oder einfach abgezupft, das sieht besonders schön aus).
- Nüsse. Sehr gut schmekken beispielsweise Walnußhälften, Mandelstifte, Pistazien- und Pinienkerne.
- Körner. Sesam, Anis, Kümmel, gerösteter Buchweizen und/oder Hirse geben manchem Salat das gewisse Etwas.

Jedes Gericht ist nur so gut wie seine Zutaten, das gilt natürlich auch für Salat, besonders aber für die Sauce, d. h. im wesentlichen für Essig und Öl.

Inzwischen gibt es ja schon in jedem Supermarkt ein umfangreiches Angebot an Essig- und Ölsorten, deshalb die kleine Warenkunde, die Ihnen die „Qual der Wahl" erleichtern soll.

Branntweinessig wird aus Branntwein gewonnen. Teilweise ist er mit Weinessig gemischt; das Mischungsverhältnis ist dann auf dem Etikett angegeben.

Weinessig wird aus vergorenem Weiß- oder Rotwein hergestellt. Eine besondere Variante des Weinessigs ist der Sherryessig, der aus Sherrywein entsteht. Er ist erheblich kräftiger als normaler Weinessig.

Balsamessig („aceto balsamico") ist wohl der wertvollste Rotweinessig. Er muß mindestens 3 Jahre lang in Eichenfässern reifen. Es gibt jedoch auch erheblich ältere – und teurere – „balsamicos". Wie der Name schon vermuten läßt, kommt diese Essigsorte aus Italien. Man verwendet ihn nur tropfenweise zum Aromatisieren. Er hat einen kräftigen Geschmack und ist sehr dunkel.

Aromaessig ist meist Weißwein- oder Rotweinessig, der mit Kräutern, Früchten oder Gewürzen aromatisiert wurde, z. B. mit Estragon, Ros-

marin, Knoblauch, Provencekräutern, Himbeeren oder Kapern.
Malzessig, der aus vergorener Malzmaische gewonnen wird, ist mehr in England und Skandinavien bekannt.
Obstessig wird aus reinem Apfelwein hergestellt. Er ist mild und bekömmlich.
Pflanzenöl ist ein Gemisch aus verschiedenen Ölen unterschiedlicher Pflanzen und absolut geschmacksneutral.
Maiskeimöl wird aus Maiskörnern gewonnen und ist biologisch hochwertig.
Sonnenblumenöl entsteht aus Sonnenblumenkernen und ist mild im Geschmack.
Distel- oder Safloröl wird aus der Färberdistel gewonnen und hat den größten Anteil an biologisch hochwertiger Linolsäure (über 70 Prozent).
Sojaöl – aus der Sojabohne gewonnen – hat einen dezenten, unaufdringlichen Geschmack.
Nußöl aus Hasel-, Wal- oder Erdnüssen oder Mandeln ist geschmacksintensiv. Man kann es gut mit neutralen Ölen mischen.
Traubenkernöl wird aus Weintraubenkernen gewonnen und hat eine kräftige, dunkelgrüne Farbe. Mit dunklen Zutaten verwenden.
Olivenöl wird aus reifen, ausgepreßten Oliven gewonnen. Es wird in den Qualitätsstufen extra, fein und mittelfein angeboten. Das richtet sich danach, aus welcher Pressung das Öl stammt. Das beste und teuerste kommt aus der allerersten Pressung und trägt die Bezeichnung „extra virgine".

Tips zur Aufbewahrung von Essig und Öl
Eine angebrochene Essigflasche sollte man möglichst innerhalb eines Jahres verbrauchen.
Öl hält sich am besten lichtgeschützt, allerdings nicht länger als 6 Monate, wenn es angebrochen ist.
Nußöl sollte man nur in kleinen Mengen kaufen und höchstens 3 Monate im Kühlschrank aufbewahren.
Olivenöl bitte nicht kalt stellen, es wird trüb und flockt aus.

Auf den folgenden Seiten finden Sie sechs Rezepte für Salatsaucen, die Ihre eigenen Kreationen abrunden werden.

SALATSAUCEN

SAUCE VINAIGRETTE

Für 4 Portionen

Zubereitungszeit: ca. 5 Min.
ca. 125 kcal/525 kJ

- *4 EL Essig*
- *Salz*
- *6 EL Öl*
- *Pfeffer aus der Mühle*
- *verschiedene Kräuter, kleingehackt*

1. Den Essig mit dem Salz in eine Schüssel geben und so lange rühren, bis sich das Salz ganz aufgelöst hat.
2. Erst jetzt das Öl in sehr dünnem Strahl ganz langsam dazufließen lassen und dabei kräftig mit dem Schneebesen schlagen, damit sich alle Zutaten gut verbinden und eine cremige Salatsauce entsteht.
3. Jetzt mit Pfeffer aus der Mühle würzen und die Kräuter unterrühren.

ROQUEFORTSAUCE

Für 4 Portionen

Zubereitungszeit: ca. 10 Min.
ca. 110 kcal/460 kJ

- *100 g Roquefort oder anderer Blauschimmelkäse*
- *4 EL saure Sahne*
- *1 EL Weißweinessig*
- *Saft einer halben Zitrone*
- *Salz*
- *schwarzer Pfeffer aus der Mühle*
- *1 Prise frisch geriebene Muskatnuß*
- *etwas Schnittlauch*

1. Den Käse mit einer Gabel auf einem Teller sorfältig zerdrücken.
2. Mit der sauren Sahne, dem Weinessig und dem Zitronensaft gut in einer Schüssel verrühren.
3. Mit Salz (Vorsicht, der Käse ist oft schon etwas salzig!), Pfeffer aus der Mühle und Muskat abschmecken. Den feingehackten Schnittlauch unterziehen.

THOUSAND-ISLAND-DRESSING

Für 4 Portionen

Zubereitungszeit: ca. 15 Min.
ca. 105 kcal/445 kJ

- *1 mittelgroße, rote Paprikaschote*
- *1 Schalotte*
- *2 Cornichons (kleine Gewürzgurken)*
- *2 EL Tomatenketchup*
- *4 EL Mayonnaise*
- *½ TL Paprikapulver, edelsüß*
- *Salz*
- *Pfeffer aus der Mühle*
- *1 Msp. Cayennepfeffer*

1. Die Paprika waschen, putzen und pürieren.
2. Die Schalotte schälen und fein hacken. Die Cornichons ebenso fein hacken und beides mit dem Paprikapüree in eine Schüssel füllen.
3. Tomatenketchup und die Mayonnaise hinzufügen, alles gut verrühren und mit Paprika, Salz, Pfeffer aus der Mühle und Cayennepfeffer kräftig abschmecken.

Mayonnaise

Für 4 Portionen
Zubereitungszeit: ca. 15 Min.
ca. 560 kcal/2335 kJ

2 Eigelb, zimmerwarm
Salz
etwas Zitronensaft
¼ l geschmacksneutrales Öl, zimmerwarm
weißer Pfeffer aus der Mühle

1. Die Eigelbe mit Salz und Zitronensaft in einer Schüssel mischen.
2. Das Öl in sehr feinem Strahl in die Eiermischung fließen lassen und dabei ständig mit dem Schneebesen oder dem Handrührer schlagen, bis die Masse dick und cremig geworden ist. Erst zum Schluß mit etwas Pfeffer und – je nach Geschmack – noch etwas Salz sowie mit Zitronensaft abschmecken.

Joghurtsauce

Für 4 Portionen
Zubereitungszeit: ca. 5 Min.
ca. 75 kcal/320 kJ

1½ Becher Joghurt (ca. 200 g)
Saft einer Zitrone
2 EL geschmacksneutrales Öl
Salz
weißer Pfeffer aus der Mühle
1 Prise frisch geriebene Muskatnuß
1 Msp. Cayennepfeffer

1. Den Joghurt in einer Schüssel mit dem Zitronensaft und dem Öl mit dem Schneebesen gut durchschlagen, bis eine glatte Sauce entstanden ist.
2. Mit Salz, Pfeffer, Muskatnuß und Cayennepfeffer abschmecken.

Tomatensauce

Für 4 Portionen
Zubereitungszeit: ca. 10 Min.
ca. 130 kcal/540 kJ

1 mittelgroße Fleischtomate
Salz
3 EL Rotweinessig
1 EL Balsamessig
schwarzer Pfeffer aus der Mühle
6 EL Walnußöl
1 Bund Basilikum

1. Die Fleischtomate überbrühen, die Haut abziehen und entkernen. Das Fruchtfleisch im Mixer fein pürieren und salzen. Mit Rotweinessig und Balsamessig verrühren, bis das Salz aufgelöst ist.
2. Pfeffer aus der Mühle dazugeben und das Walnußöl in feinem Strahl mit dem Schneebesen vorsichtig unterschlagen.
3. Basilikum abbrausen, die Blättchen in feine Streifen schneiden und unter die Sauce mischen.

Für Schlemmer — Salate mit Fleisch, Wurst oder Geflügel

Salate aus Fleisch, Wurst und Geflügel fehlen heute auf keinem kalten Buffet. Dem Einfallsreichtum des Hobbykochs sind keinerlei Grenzen gesetzt, was die Zutatenkombinationen anbelangt. Erlaubt ist, was gefällt und schmeckt. Ob bei offiziellen Anlässen oder im kleinen Kreis, die folgenden Salate bilden stets eine gute Grundlage für das folgende Programm.

(Roastbeefsalat mit Chicorée und Pilzen, Rezept S. 12)

Roastbeefsalat mit Chicorée und Pilzen

Für 4 Portionen
Zubereitungszeit: ca. 35 Min.
ca. 440 kcal/1845 kJ

4 Stauden Chicorée à 100 g
350 g Roastbeef in Scheiben
100 g Champignons
Zitronensaft
1 großer, säuerlicher Apfel
1 Bund glatte Petersilie
1 Becher Joghurt
3 EL Weißweinessig
1 TL Senf
3 EL Olivenöl
Salz
Pfeffer

1. Beim Chicorée den bitteren Strunk kegelförmig herausschneiden, die äußeren Blätter, falls nötig, entfernen. Die Stauden quer in schmale Streifen schneiden, waschen und zum Abtropfen in ein Sieb geben.
2. Das Roastbeef in schmale Streifen schneiden.
3. Die Champignons putzen, kurz abbrausen und blättrig schneiden. Sofort mit Zitronensaft beträufeln, damit sich die Pilze nicht unschön dunkel verfärben.
4. Den Apfel schälen, achteln und vom Kerngehäuse befreien. Die Schnitze in Scheiben schneiden und ebenfalls mit Zitronensaft beträufeln, damit das Fruchtfleisch hell bleibt. Mit dem Chicorée, dem Roastbeef und den Champignons in eine Schüssel füllen.
5. Die Petersilie waschen, die Blättchen von den Stengeln zupfen und zum Salat geben.
6. Den Joghurt, den Essig, den Senf und das Olivenöl mit dem Schneebesen zu einer cremigen Sauce rühren. Mit Salz und Pfeffer abschmecken. Über den Salat gießen und gründlich durchmischen.
(auf dem Foto S. 10/11)

Rindfleisch-Zwiebel-Salat

Für 4 Portionen
Zubereitungszeit: ca. 40 Min.
ca. 700 kcal/2950 kJ

800 g gekochtes Rindfleisch oder Roastbeef
4 rote Zwiebeln
300 g Salatkartoffeln
6 EL Rotweinessig
Salz
schwarzer Pfeffer aus der Mühle
5 EL Öl
1 Bund Petersilie

1. Das Rindfleisch (das Roastbeef) in feine Streifen schneiden.
2. Die Zwiebeln schälen, längs halbieren und in Halbringe schneiden.
3. Die Salatkartoffeln in 20–30 Minuten garen. Noch warm pellen und in Scheiben schneiden. Mit dem Fleisch und den Zwiebeln in eine Schüssel geben.
4. Rotweinessig, Salz, Pfeffer mit dem Öl zu einer cremigen Sauce rühren und über die Zutaten gießen.
5. Die Petersilie abbrausen, fein zerpflücken und über den Salat streuen. Alles gründlich mischen.
(auf dem Foto rechts)

Rinderschinken-Brokkoli-Salat mit Sesam

Für 4 Portionen
Zubereitungszeit: ca. 25 Min.
ca. 505 kcal/2120 kJ

600 g Brokkoli (frisch oder TK-Produkt)
Salz
250 g Minitomaten
300 g Rinderschinken
4 EL Rotweinessig
schwarzer Pfeffer aus der Mühle
6 EL Sojaöl
4 EL Sesamkörner

1. Den Brokkoli vorbereiten und in kochendem Salzwasser 5–8 Minuten oder nach Packungsanweisung knackig garen. Herausnehmen, eiskalt abschrecken und sehr gut abtropfen lassen.
2. Die Tomaten waschen und vierteln. Mit dem Brokkoli in eine Schüssel geben.
3. Den Rinderschinken in schmale Streifen schneiden und dazufügen.
4. Aus Rotweinessig, Salz, Pfeffer aus der Mühle und Sojaöl mit dem Schneebesen eine cremige Marinade rühren. Über den Salat geben und gut mischen.
5. Die Sesamkörner in der Pfanne goldbraun rösten und über den Salat streuen. Sofort servieren.
(auf dem Foto: links)

Variation

Die Sesamkörner durch Pinienkerne ersetzen.

GEFLÜGELLEBER-SALAT

Für 4 Portionen
Zubereitungszeit: ca. 35 Min.
ca. 390 kcal/1640 kJ

200 g Feldsalat
3 Schalotten
4 EL Sherryessig
Salz
schwarzer Pfeffer aus der Mühle
6 EL Nußöl
2 EL Pinienkerne
500 g Geflügelleber
1 EL Butterschmalz

1. Den Feldsalat verlesen, putzen und sorgfältig waschen. Abtropfen lassen.
2. Die Schalotten schälen und fein hacken.
3. In einer Schüssel Essig, Salz und Pfeffer gut verrühren. Das Öl darunterschlagen, so daß eine cremige Marinade entsteht. Die Schalotten und die Pinienkerne dazufügen.
4. Die Geflügelleber von allen Häuten und Sehnen befreien und im heißen Fett rundum in etwa 6 Minuten anbraten, so daß sie innen noch rosa ist. Vom Herd nehmen, salzen und pfeffern.
5. Den Feldsalat in der Marinade wenden und die noch lauwarme Geflügelleber dazufügen. Sofort servieren.
(auf dem Foto: rechts)

Variation

Statt Feldsalat kann man auch Blattspinat verwenden.

Hackfleisch-Couscous-Salat

Für 4 Portionen
Zubereitungszeit: ca. 25 Min.
(ohne Quellzeit)
ca. 625 kcal/2640 kJ

300 g Couscousgrieß
½ l Wasser
3 Zwiebeln
3 EL Öl
4 Knoblauchzehen
500 g gemischtes Hackfleisch
Salz
Pfeffer aus der Mühle
300 g Blattspinat
Saft von 6 Zitronen
Paprikapulver, edelsüß

1. Den Couscousgrieß mit dem Wasser aufgießen und 1 Stunde quellen lassen.
2. Die Zwiebeln schälen, fein hacken und im heißen Öl weich dünsten. Den Knoblauch dazudrücken. Das Hackfleisch dazugeben und krümelig braten. Mit Salz und Pfeffer würzen.
3. Den Spinat waschen und die Stiele abknipsen.
4. Alles in eine große Schüssel geben, den Zitronensaft dazugießen, mit Salz, Pfeffer und Paprika würzen. Gut mischen.
(auf dem Foto oben)

Hühnerbrust-salat mit Sojasprossen

Für 4 Portionen
Zubereitungszeit: ca. 50 Min.
ca. 265 kcal/1115 kJ

2 ausgelöste, enthäutete Hühnerbrüstchen
2 EL Butter
Salz
schwarzer Pfeffer aus der Mühle
250 g Sojasprossen (frisch oder aus dem Glas)
100 g Austernpilze
½ cm Ingwerwurzel
2 Knoblauchzehen
3 EL Sojasauce
3 EL Sherryessig
4 EL Sojaöl
1 Bund Petersilie

1. Die Hühnerbrüstchen in einer Pfanne in heißer Butter rundum kräftig anbraten, anschließend zugedeckt bei geringer Hitze 10 Minuten ziehen lassen. Salzen, pfeffern, herausnehmen und beiseite stellen. Anschließend abkühlen lassen.
2. Die Sojasprossen abbrausen. In einem Sieb gut abtropfen lassen. Die Austernpilze abbrausen, in Streifen schneiden und in dem in der Pfanne verbliebenen Fett anbraten.
3. Die Ingwerwurzel schälen und sehr fein hacken. Mit den Austernpilzen und den Sojasprossen in eine Schüssel geben. Den geschälten Knoblauch durch die Presse dazudrücken.
4. Die Hühnerbrust schräg zur Faser in schmale Streifen schneiden und ebenfalls in die Schüssel geben.
5. Aus Sojasauce, Sherryessig, Sojaöl, Salz und schwarzem Pfeffer aus der Mühle eine Sauce rühren. Über den Salat gießen und alles gut mischen.
6. Die Petersilie abbrausen, von den Stengeln zupfen und darüberstreuen.
(auf dem Foto unten)

Variation

Anstatt der Hühnerbrüstchen können Sie auch ein Hühnchen verwenden, das Sie mit Suppengrün und Gewürzen knapp 1 Stunde kochen. Von Haut und Knochen befreien, das Fleisch in Würfel schneiden und zu den Pilzen und Sojasprossen geben.

Couscoussalat mit Hühnerbrüstchen und Mango

Für 4 Portionen

Zubereitungszeit: ca. 1 Std.
ca. 525 kcal/2225 kJ

- *2 Zitronen*
- *200 g Couscousgrieß*
- *1 große Fleischtomate*
- *2 Mangos*
- *3 EL Öl*
- *1 TL Balsamessig*
- *Salz*
- *schwarzer Pfeffer aus der Mühle*
- *1 Prise Zucker*
- *frisch geriebene Muskatnuß*
- *1 Msp. Cayennepfeffer*
- *1 Bund glatte Petersilie*
- *2 ausgelöste Hühnerbrüstchen à 300 g*
- *1 EL Butter*
- *1 EL Öl*

1. Die Zitronen auspressen und den Saft mit ¼ Liter Wasser über den Couscousgrieß gießen. ½ Stunde quellen lassen. Die nach der Quellzeit noch übrige Flüssigkeit abgießen.

2. Die Tomate überbrühen, eiskalt abschrecken und die Haut abziehen. Quer zum Stengelansatz halbieren und entkernen. Das Fruchtfleisch klein würfeln.

3. Die Mangos schälen, halbieren und entkernen. Das Fruchtfleisch in mundgerechte Stücke schneiden.

4. Aus Öl, Balsamessig, Salz, Pfeffer, Zucker, etwas Muskatnuß und Cayennepfeffer mit dem Schneebesen eine cremige Marinade rühren und über den Couscousgrieß gießen.

5. Die Petersilie abbrausen, von den Stengeln zupfen und grob hacken. Mit Tomatenwürfeln und Mangostückchen unter den Couscousgrieß mischen.

6. Die Hühnerbrüstchen in der heißen Butter-Öl-Mischung rundum kräftig anbraten. Dann bei milder Hitze zugedeckt 10 Minuten ziehen lassen. Salzen, pfeffern und quer zur Faser in schmale Scheiben schneiden.

7. Den Mango-Couscous-Salat auf vier Tellern verteilen. Die noch warmen Hühnerbrustscheiben fächerartig im Halbkreis um den Salat legen. Servieren.

Salat mit Kasseler und Melone

Für 4 Portionen
Zubereitungszeit: ca. 45 Min.
ca. 725 kcal/3045 kJ

650 g Kasseler ohne Knochen
2 EL Butter
1 TL Mayoran
1 kleine Honigmelone
300 g ausgepalte Erbsen (frisch oder TK-Produkt)
4 EL Himbeeressig
Salz
weißer Pfeffer aus der Mühle
5 EL Sojaöl
½ Bund glatte Petersilie

1. Das Kasseler in kleinere Würfel schneiden und im heißen Fett bei geringer Hitze 8 Minuten braten. Mit Majoran bestreuen.
2. Die Honigmelone halbieren, entkernen und mit dem Kugelausstecher Kugeln aus dem Fruchtfleisch lösen. Mit dem abgekühlten Fleisch in eine Schüssel füllen.
3. Die Erbsen für 6 Minuten (oder nach Packungsanweisung) in kochendes Salzwasser geben, abgießen, eiskalt abschrecken, abtropfen und zum Fleisch geben.
4. Aus Himbeeressig, Salz, Pfeffer und Sojaöl mit dem Schneebesen eine Marinade rühren, über den Salat gießen und mischen.
5. Die Petersilie abbrausen, von den Stengeln zupfen und vor dem Servieren in den Salat streuen.
(auf dem Foto rechts: Mitte)

Wurstsalat mit Käse

Für 4 Portionen
Zubereitungszeit: ca. 20 Min.
ca. 660 kcal/2775 kJ

500 g Fleischwurst oder Lyoner
150 g Emmentaler in Scheiben
3 Gewürzgurken
1 Zwiebel
1 Bund Radieschen
4 EL Weißweinessig
Salz
weißer Pfeffer aus der Mühle
4 EL Öl

1. Die Fleischwurst enthäuten und in dünne Scheiben schneiden. In eine Schüssel geben.
2. Den Käse entrinden, in Streifen schneiden und ebenfalls in die Schüssel zur Wurst füllen.
3. Die Gurken abtropfen lassen und in Scheiben schneiden. Die Zwiebel schälen und am besten auf dem Gurkenhobel in feine Ringe schneiden. Die Radieschen waschen und in Scheiben schneiden. Alles zur Fleischwurst geben.
4. Aus Weißweinessig, Salz, Pfeffer und Öl eine cremige Marinade rühren. Über die Zutaten gießen und gut durchmischen.
(auf dem Foto rechts: unten)

Fleischkäsesalat mit Croûtons

Für 4 Portionen
Zubereitungszeit: ca. 40 Min.
ca. 555 kcal/2335 kJ

400 g Fleischkäse in dickeren Scheiben
2 Bund Radieschen
1 mittelgroße Zwiebel
1 Bund Schnittlauch
3 EL Apfelessig
Salz
schwarzer Pfeffer aus der Mühle
4 EL Öl
3 Scheiben Bauernbrot
2 EL Butter

1. Den Fleischkäse in kleine Würfel schneiden und in eine Schüssel füllen.
2. Die Radieschen vom Grün befreien, waschen und in feine Scheiben schneiden.
3. Die Zwiebel schälen und fein hacken. Den Schnittlauch abbrausen und kleinschneiden. Alles zu dem Fleischkäse geben.
4. Aus Apfelessig, Salz, Pfeffer und Öl mit dem Schneebesen eine cremige Marinade rühren, über die Zutaten gießen, mischen und 15 Minuten durchziehen lassen.
5. Das Schwarzbrot entrinden, kleinwürfeln und in der heißen Butter knusprig ausbraten. Kurz vor dem Servieren über den Salat streuen.
(auf dem Foto rechts: oben)

Putenbrustsalat mit Gemüse

Für 4 Portionen

Zubereitungszeit: ca. 1½ Std.
ca. 430 kcal/1810 kJ

2 Möhren
2 dünne Lauchstangen
3 Stangen Bleichsellerie
1 Zwiebel
½ l trockener Weißwein
800 g Putenbrust
Salz
weißer Pfeffer
100 g Crème fraîche
2 EL Rotweinessig
2 EL Zitronensaft
1 Bund Petersilie, gehackt

1. Die eine Hälfte des geputzten und gewaschenen Gemüses grob, die andere sehr fein hacken.
2. Das grob gehackte Gemüse mit dem Wein erhitzen. Die Putenbrust salzen und pfeffern, dazugeben und zugedeckt bei geringer Hitze 40 Minuten gar ziehen. Herausnehmen und erkalten lassen.
3. Das Gemüse aus dem Sud nehmen und mit der Crème fraîche pürieren. Mit Salz, Pfeffer, Essig und Zitronensaft abschmecken. Den Sud auf ⅛ Liter einkochen und untermischen.
4. Das übrige Gemüse kurz in kochendes Salzwasser geben, abgießen und eiskalt abschrecken.
5. Die Putenbrust in schmale Streifen schneiden. Mit Gemüse und Sauce mischen. Mit Petersilie bestreuen.
(auf dem Foto: unten)

BRATWURSTSALAT MIT ZWIEBEL

Für 4 Portionen

Zubereitungszeit: ca. 1 Std.
ca. 740 kcal/3115 kJ

600 g grobe Bratwürste
2 EL Butterschmalz
3 Zwiebeln
3 Möhren
¼ l trockener Weißwein
4 EL Weißweinessig
1 Lorbeerblatt
1 Nelke
3 EL Öl
1 TL mittelscharfer Senf
Salz
Pfeffer
2 Frühlingszwiebeln

1. Die Würste im Schmalz 5 bis 8 Minuten braten. In ½ Zentimeter dicke Scheiben schneiden.
2. Zwiebeln und Möhren schälen. Die Zwiebeln in feine Ringe, die Möhren in dünne Scheiben schneiden. Mit dem Wein, dem Essig, dem Lorbeerblatt und der Nelke in einen Topf geben und 10 Minuten köcheln lassen. Das Gemüse herausnehmen, abkühlen lassen und mit der Wurst mischen.
3. Den Sud auf die Hälfte einkochen. Lorbeerblatt und Nelke herausnehmen. Öl und Senf unterrühren. Mit Salz und Pfeffer abschmecken. Dann über die Wurst gießen.
5. Beide Frühlingszwiebeln putzen, waschen und in feine Ringe schneiden. Unter den lauwarmen Salat mischen.
(auf dem Foto: oben)

FÜR GENIESSER – SALATE MIT FISCH ODER KRABBEN

Fische – ob frisch oder geräuchert – und Krabben sind gesunde Zutaten für elegante Salate. Exquisit zubereitet, ergänzen sie die übrigen Salatzutaten auf geradezu ideale Art und Weise und lassen wahre Perlen der feinen Küche entstehen. Solche Salate können als Vorspeise dienen oder im Sommer als leichtes Hauptgericht gereicht werden.

(Hummerkrabbensalat mit Avocado, Rezept S. 26)

Hummer-krabbensalat mit Avocado

Für 4 Portionen
Zubereitungszeit: ca. 40 Min.
ca. 325 kcal/1365 kJ

2 reife Avocados
Zitronensaft
1 reife Mango
2 Schalotten
100 g Rosinen
1 Friséesalat
4 EL Weißweinessig
Salz
weißer Pfeffer aus der Mühle
6 EL Öl
8 Hummerkrabbenschwänze

1. Die Avocados schälen, längs halbieren und den Kern vom Fruchtfleisch lösen. Das Fruchtfleisch rosinengroß würfeln, mit Zitronensaft beträufeln.
2. Die Mango ebenfalls schälen, vom Kern befreien und in gleich große Würfelchen schneiden.
3. Die Schalotten schälen, fein hacken und mit den Rosinen, den Avocado- und den Mangowürfeln mischen.
4. Den Salat in Blätter teilen und gut waschen.
5. Aus Weißweinessig, Salz, weißem Pfeffer und dem Öl mit dem Schneebesen eine cremige Marinade rühren und die Frucht-Salat-Mischung damit übergießen.
6. Die Hummerkrabbenschwänze in kochendem Wasser je nach Größe 6–8 Minuten garen, herausnehmen, schälen und vom Darm befreien. In mundgerechte Stücke schneiden und mit der Frucht-Salat-Mischung vermengen.
(auf dem Foto S. 24/25)

Feinschmecker-Tip

Dazu passen frischer Toast mit Butter und ein leichter kalifornischer Weißwein.

Variation

Sie können die Hummerkrabbenschwänze durch 80 Gramm Tiefseegarnelen (roh) pro Person ersetzen. Diese kurz in kochendes Wasser geben, sofort wieder herausnehmen und mit den übrigen Zutaten mischen. Dieser Salat läßt sich auch sehr gut als Vorspeise servieren. Die Menge reicht dann für acht Portionen.

Heilbuttsalat mit Gemüse

Für 4 Portionen
Zubereitungszeit: ca. 50 Min.
ca. 435 kcal/1830 kJ

3 kleine Kohlrabi
2 EL Butter
150 g Zuckerschoten
Salz
5 EL saure Sahne
Saft einer Zitrone
weißer Pfeffer aus der Mühle
1 Prise Cayennepfeffer
1 Prise frisch geriebene Muskatnuß
500 g geräucherter Heilbutt
1 Handvoll Kerbel

1. Die Kohlrabi schälen und in Stifte schneiden. In heißer Butter 10 Minuten dünsten.
2. Die Zuckerschoten in kochendem Salzwasser 3 Minuten kurz blanchieren. Abschrecken, abtropfen lassen und in Stücke schneiden.
3. Aus saurer Sahne, Zitronensaft, Salz, Pfeffer, Cayennepfeffer und Muskat mit dem Schneebesen eine Sauce rühren. Über das Gemüse gießen und mischen.
4. Den Fisch in mundgerechte Stücke teilen und vorsichtig unterheben.
5. Den Kerbel abbrausen, abzupfen und dann darüberstreuen.
(auf dem Foto rechts)

Variation

Anstatt des Heilbutts kann auch anderer Räucherfisch verwendet werden.

Forellensalat mit Gurke und Kresse

Für 4 Portionen
Zubereitungszeit: ca. 30 Min.
ca. 170 kcal/710 kJ

2 Salatgurken
Salz
⅛ l süße Sahne
weißer Pfeffer aus der Mühle
1 Msp. Cayennepfeffer
Saft einer Zitrone
2 geräucherte Forellen
2 Kästchen Kresse

1. Eine Gurke schälen, längs halbieren und die Kerne herausschaben. Die Gurke im Mixer pürieren und salzen. Die Sahne steif schlagen, das Gurkenpüree durch ein Haarsieb streichen und in einer Schüssel mit der Sahne mischen. Mit weißem Pfeffer, Cayennepfeffer und Zitronensaft abschmecken.
2. Die zweite Gurke schälen und in feine Scheiben hobeln. Unter das Püree heben.
3. Die Forellen enthäuten und filetieren. Die Forellenfilets in Rauten schneiden, unter die Gurken mischen.
4. Die Kresse abbrausen und mit einer Küchenschere direkt über der Schüssel abschneiden.
(auf dem Foto: oben)

Feinschmecker-Tip

Mit frisch getoastetem Stangenweißbrot und Butter servieren.

Wirsingsalat mit Lachsstreifen

Für 4 Portionen

Zubereitungszeit: ca. 25 Min.
ca. 205 kcal/845 kJ

1 Wirsingkopf à 600 g
Salz
200 g Räucherlachs
2 Schalotten
3 EL Rotweinessig
schwarzer Pfeffer
½ TL Dijonsenf
3 EL Olivenöl
1 Bund Basilikum, grob gehackt

1. Den Wirsing putzen, vierteln und vom Strunk befreien. In sehr feine Streifen schneiden und für 6 Minuten in kochendes Salzwasser geben. In ein Sieb gießen und eiskalt abschrecken. Sehr gut abtropfen lassen.
2. Den Lachs in ebenso feine Streifen schneiden und mit dem Wirsing in eine Schüssel füllen. Die Schalotten schälen, fein hacken und unterheben.
3. Den Essig mit Salz verrühren, bis es sich aufgelöst hat. Pfeffer und Senf dazufügen. Das Öl langsam dazufließen lassen. Dabei mit dem Schneebesen schlagen, bis eine cremige Marinade entstanden ist.
4. Die Marinade über den Salat gießen, gut mischen und 10 Minuten zugedeckt ziehen lassen. Mit Basilikum bestreuen.
(auf dem Foto: unten)

Makrelensalat mit Chinakohl

Für 6 Portionen
Zubereitungszeit: ca. 30 Min.
ca. 290 kcal/1218 kJ

½ Bund Frühlingszwiebeln
1 Chinakohl à 400 g
1 Bund Schnittlauch
2 geräucherte Makrelen à 400 g
1 Knoblauchzehe
5 EL Essig
Salz
schwarzer Pfeffer aus der Mühle
5 EL Olivenöl

1. Zuerst die Frühlingszwiebeln putzen, waschen und in feine Ringe schneiden. Den Chinakohl in feine Streifen schneiden, waschen und gut abtropfen lassen. Den Chinakohl mit den Zwiebeln in eine Schüssel füllen. Den Schnittlauch waschen, fein schneiden und unterheben.
2. Die Makrelen enthäuten und filetieren. Die Filets in 3 Zentimeter lange Stücke teilen und zu dem Salat geben.
3. Dann die Knoblauchzehe schälen und durch die Presse in eine kleine Schüssel drücken. Essig, Salz und Pfeffer dazugeben und rühren, bis sich das Salz aufgelöst hat. Das Öl kräftig darunterschlagen. Die Marinade über den Salat gießen. Alles vorsichtig mischen.
(auf dem Foto oben)

Thunfischsalat mit Reis

Für 4 Portionen
Zubereitungszeit: ca. 40 Min.
ca. 515 kcal/2155 kJ

150 g Kurzzeitreis
Salz
2 Dosen Thunfisch naturell à 200 g
1 grüne Paprikaschote
½ Bund Frühlingszwiebeln
250 g Tomaten
1 Kästchen Kresse
5 EL Mayonnaise aus dem Glas
Saft von 2 Zitronen
1 TL Senf
weißer Pfeffer aus der Mühle
1 EL Öl
1 kleine Knoblauchzehe

1. Den Kurzzeitreis nach der Packungsanleitung in Salzwasser zubereiten. Gut abtropfen und gut auskühlen lassen.
2. Den Thunfisch in eine Schüssel geben und mit zwei Gabeln zerpflücken.
3. Die Paprikaschote waschen, halbieren und die Kerne entfernen. Das Fruchtfleisch kleinwürfeln. Die Frühlingszwiebeln putzen, waschen und in feine Ringe schneiden. Die Tomaten achteln und dabei den Stengelansatz entfernen. Alle Zutaten in die Schüssel füllen. Die Kresse abbrausen und direkt über der Schüssel mit einer Küchenschere abschneiden.
4. Die Mayonnaise mit dem Zitronensaft und dem Senf gut verrühren. Salzen, pfeffern, das Öl dazugießen und die geschälte Knoblauchzehe durch die Presse dazudrücken. Nochmals durchrühren und über den Salat gießen. Mischen und zugedeckt 20 Minuten durchziehen lassen.
(auf dem Foto unten)

TINTENFISCHSALAT

Für 4 Portionen
Zubereitungszeit: ca. 45 Min.
ca. 345 kcal/1440 kJ

750 g küchenfertige Tintenfische (ausgenommen)
2 Zwiebeln
1 Lorbeerblatt
1 TL Pfefferkörner
Salz
Zitronensaft
1 TL Oregano
1 große Fleischtomate
½ Salatgurke
½ Bataviasalat
1 kleines Glas Oliven (mit Paprika gefüllt)
4 EL Rotweinessig
weißer Pfeffer aus der Mühle
5 EL Olivenöl
½ Bund glatte Petersilie

1. Die Tintenfische abspülen. Die Zwiebeln schälen und vierteln. Zusammen mit dem Fisch, dem Lorbeerblatt, den Pfefferkörnern, Salz, Zitronensaft und Oregano in einen Topf füllen. Mit Wasser bedecken und zugedeckt 30 Minuten kochen lassen. Probieren, ob der Fisch schon weich ist. Wenn nicht, die Kochzeit verlängern.

2. Die Tomaten mit kochendem Wasser überbrühen, eiskalt abschrecken, die Haut abziehen und die Kerne mit einem Teelöffel herausschaben. Das Fruchtfleisch in kleine Würfel schneiden.

3. Die Gurke schälen, längs halbieren und die Kerne entfernen. Das Fruchtfleisch kleinwürfeln.

4. Den Bataviasalat teilen, waschen und gut abtropfen lassen. Den Tintenfisch in schmale Ringe schneiden und die Oliven jeweils quer halbieren.

5. Den Essig mit Salz und Pfeffer verrühren, das Olivenöl mit dem Schneebesen unterschlagen, bis die Sauce cremig geworden ist. Über die Zutaten gießen und alles gut mischen.

6. Die Petersilie von den Stengeln zupfen und die Petersilienblättchen auf den Salat streuen.

Variation

Da der Tintenfisch sehr geschmacksneutral ist, läßt er sich gut mit anderem Fisch mischen, beispielsweise mit Thunfisch aus der Dose oder kurz gedünstetem Kabeljaufilet, das man in mundgerechte Stücke teilt.

Für Hungrige – Salate mit Reis, Nudeln, Couscous oder Hülsenfrüchten

Klassiker auf allen Partys sind Salate aus Reis, Nudeln, Couscous und Hülsenfrüchten, weil man sich daran sattessen kann und sie auch eine längere Festnacht ohne größere optische Einbußen überstehen.

(Gelber Reissalat,
Rezept S. 36)

Gelber Reissalat

Für 4 Portionen
Zubereitungszeit: ca. 50 Min.
ca. 675 kcal/2830 kJ

250 g Langkornreis
Salz
200 g Kasseler in dickeren Scheiben
1 EL Butter
1 kleine Salatgurke
1 grüne Paprikaschote
2 Tomaten
4 EL Weißweinessig
6 EL Sojaöl
2 TL Currypulver
1 Msp. Chilipulver
2 Knoblauchzehen
100 g schwarze Oliven
½ Bund glatte Petersilie

1. Den Langkornreis in kochendes Salzwasser streuen und in 20–25 Minuten ausquellen lassen.
2. Das Kasseler in kleine Würfel schneiden und in der heißen Butter braten.
3. Die Gurke schälen, längs halbieren, entkernen und in kleine Stücke schneiden. Den Paprika waschen, von den Kernen befreien und in schmale Streifen schneiden. Die Tomaten waschen, vom Stengelansatz befreien und achteln.
4. Den Essig mit dem Sojaöl verrühren, etwas Salz, Curry- und Chilipulver dazufügen. Den Knoblauch schälen und durch die Presse in die Sauce drücken.
5. Den ausgekühlten Reis in einer großen Schüssel mit der Sauce mischen, 10 Minuten ziehen lassen. Dann das Kasseler, die Gurke, den Paprika und die Tomaten unterheben. Die Oliven und die abgezupften, abgebrausten Petersilienblätter daraufstreuen.
(auf dem Foto S. 34/35)

Feinschmecker-Tip

Dieser Salat eignet sich besonders gut für Feste, weil man ihn ohne weiteres einige Zeit stehenlassen kann.

Möhren-Erbsen-Salat

Für 4 Portionen
Zubereitungszeit: ca. 40 Min.
ca. 275 kcal/1155 kJ

400 g Möhren
Meersalz
300 g Erbsen (frisch oder TK-Produkt)
½ Bund Frühlingszwiebeln
5 EL Weißweinessig
3 EL Crème fraîche
schwarzer Pfeffer aus der Mühle
1 Chilischote
5 EL Öl

1. Die geputzten Möhren in Scheiben schneiden und 2 Minuten in kochendes Salzwasser geben. Abgießen, eiskalt abschrecken und gut abtropfen lassen.
2. Die Erbsen für 6 Minuten (oder nach Packungsanweisung) in kochendes Salzwasser geben, abgießen, eiskalt abschrecken und abtropfen lassen.
3. Nun die Frühlingszwiebeln putzen, waschen und in feine Ringe schneiden. Mit den Möhren und den Erbsen in eine Schüssel geben.
4. Den Weißweinessig mit der Crème fraîche und Meersalz verrühren. Den Pfeffer und die sehr fein gehackte Chilischote zufügen. Das Öl dazufließen lassen und ständig mit dem Schneebesen schlagen.
5. Die Marinade über den Salat gießen.
(auf dem Foto rechts)

Brauner Bohnensalat

Für 4 Portionen
Zubereitungszeit: ca. 15 Min.
ca. 170 kcal/705 kJ

3 Dosen kleine braune Bohnen à 410 g
2 große Zwiebeln
4 Bund glatte Petersilie
Saft einer Zitrone
2 EL Balsamessig
6 EL Traubenkernöl
Salz
schwarzer Pfeffer aus der Mühle

1. Die Bohnen in ein Sieb geben, abspülen und abtropfen lassen.
2. Die Zwiebeln schälen und fein hacken. Mit der grobgehackten Petersilie und den Bohnen zusammen in eine Schüssel geben.
3. Aus Zitronensaft, Balsamessig, Traubenkernöl, Salz und Pfeffer eine Marinade rühren. Über die Bohnen gießen und gut mischen.
(auf dem Foto: oben)

Spätzlesalat mit Schinken

Für 4 Portionen
Zubereitungszeit: ca. 50 Min.
ca. 415 kcal/1745 kJ

250 g Spätzle
Salz
_7 EL Öl_
5 EL Rotweinessig
½ Bund Frühlingszwiebeln
2 Fleischtomaten
200 g gekochter Schinken in dickeren Scheiben
1 Knoblauchzehe
schwarzer Pfeffer aus der Mühle
1 Prise Paprikapulver, edelsüß

1. Die Spätzle in Salzwasser in 10 Minuten bißfest kochen (1 Eßlöffel Öl ins Kochwasser geben). Die Spätzle in ein Sieb schütten, abschrecken und abtropfen lassen.
2. Die Spätzle mit dem Essig und dem restlichen Öl in eine Schüssel geben, mischen und 30 Minuten marinieren.
3. Nun die Frühlingszwiebeln putzen, in schmale Ringe schneiden und unter die Spätzle heben.
4. Die Tomaten überbrühen, die Haut abziehen, entkernen und in Streifen schneiden. Den Schinken vom Fettrand befreien, kleinwürfeln und mit den Tomatenstreifen zu den Spätzle geben. Den Knoblauch schälen und durch die Presse dazudrükken. Alles gut mischen und mit Salz, Pfeffer und Paprika würzen.
(auf dem Foto: unten)

Nudel-Zucchini-Salat

Für 4 Portionen
Zubereitungszeit: ca. 35 Min.
ca. 395 kcal/1665 kJ

250 g sehr schmale Bandnudeln
Salz
250 g Zucchini
2 Fleischtomaten
1 mittelgroße Zwiebel
1 Bund Basilikum
4 EL Rotweinessig
schwarzer Pfeffer aus der Mühle
6 EL Olivenöl

1. Die Nudeln in reichlich kochendem Salzwasser in einem großen Topf bißfest garen. Abgießen, eiskalt abschrecken und in einem Sieb gut abtropfen lassen.
2. Die Zucchini vom Stengelansatz befreien und auf einer Gemüsereibe grob raspeln.
3. Die Fleischtomaten überbrühen, eiskalt abschrecken, die Haut abziehen und die Kerne mit einem Teelöffel herausschaben. Das Fruchtfleisch in feine Streifen schneiden.
4. Die Zwiebel schälen und sehr fein hacken. Das Basilikum abbrausen. Einige sehr schöne Blättchen zum Garnieren aufheben, die übrigen in feine Streifen schneiden. Alle Zutaten in eine große Schüssel füllen.
5. Den Rotweinessig mit Salz verrühren, bis es sich ganz aufgelöst hat. Pfeffer dazufügen und dann das Olivenöl in dünnem Strahl langsam dazufließen lassen. Dabei ständig mit dem Schneebesen schlagen, bis die Sauce cremig geworden ist. Über den Salat gießen, alles gut durchmischen und vor dem Servieren gleichmäßig mit den restlichen Basilikumblättchen bestreuen.
(auf dem Foto oben)

Variation

Anstelle der Bandnudeln kann man auch jede andere Nudelsorte gut verwenden. Wenn Sie Knoblauchfan sind, können Sie noch 2 Zehen in die Sauce drücken.

Glasnudel-Hackfleisch-Salat

Für 6 Portionen
Zubereitungszeit: ca. 40 Min.
ca. 330 kcal/1390 kJ

200 g Glasnudeln
Salz
2 rote Paprikaschoten
3 EL Öl
400 g gemischtes Hackfleisch
frisch gemahlener Pfeffer
Saft von 4 Zitronen
6 EL Sojasauce

1. Die Glasnudeln in einen Topf mit kochendem Salzwasser geben. Den Topf vom Feuer nehmen und die Glasnudeln 30 Minuten ziehen lassen.
2. Die Paprikaschoten waschen, putzen und in dünne Streifen schneiden.
3. Das Öl erhitzen. Das Hackfleisch darin anbraten, bis es braun und krümelig ist. Kräftig salzen und pfeffern.
4. Die Glasnudeln abgießen und gut abtropfen lassen. Mit einer Küchenschere in Stükke schneiden, mit Paprika und Hackfleisch in eine Schüssel geben.
5. Den Zitronensaft mit der Sojasauce, etwas Salz und Pfeffer gut verrühren. Über den Salat gießen und alles gut vermischen.
(auf dem Foto unten)

LINSENSALAT

Für 6–8 Portionen
Zubereitungszeit: ca. 1½ Std.
(ohne Einweichzeit)
ca. 525 kcal/2205 kJ

300 g Linsen
1 Bund Suppengrün
300 g festkochende, möglichst kleine Kartoffeln
200 g Möhren
1 Stange Lauch
2 kleine Zwiebeln
3 Bund Schnittlauch
6 EL Rotweinessig
1 TL scharfer Senf
1 TL Salz
Pfeffer aus der Mühle
8 EL Öl
5 Scheiben Grahambrot
4 EL Butter

1. Die Linsen über Nacht in Wasser einweichen. Am nächsten Tag mit dem geputzten Suppengrün etwa 30–45 Minuten weich kochen. Abgießen und in eine Schüssel geben.

2. Die Kartoffeln in 20 Minuten garen. Schälen, in winzige Würfel schneiden und unter die Linsen heben.

3. Die Möhren schälen und in winzige Würfel schneiden. Den Lauch putzen, längs halbieren, gründlich ausspülen und quer in feine Streifen schneiden.

4. Das Gemüse in ein Sieb geben und für 2 Minuten in kochendes Salzwasser halten. Eiskalt abschrecken und gut abtropfen lassen.

5. Die Zwiebeln schälen und fein hacken. Den Schnittlauch waschen und kleinschneiden. Beides mit dem Gemüse zusammen zu den Linsen geben.

6. Essig, Senf, Salz und Pfeffer verrühren, bis sich das Salz ganz aufgelöst hat. Das Öl langsam dazufließen lassen und die Marinade mit dem Schneebesen cremig schlagen.

7. Die Marinade über den Linsensalat gießen. Gut mischen und ½ Stunde ziehen lassen. Dann nochmals abschmecken; da Linsen sehr viel Sauce aufsaugen, muß eventuell noch nachgewürzt werden.

8. Das Grahambrot würfeln und in der heißen Butter knusprig ausbraten. Unter den Salat mischen.

FÜR VITAMINFANS — SALATE MIT GEMÜSE

Gemüsesalate sind immer erfrischend und sehen besonders appetitlich aus. Ein wahres Schlaraffenland erschließt sich hier dem figurbewußten Genießer, da diese kulinarischen Vitaminbomben auch Rücksicht nehmen auf die schlanke Linie. Je nach Jahreszeit wählt man die Gemüsesorten aus und kombiniert sie nach Lust, Laune und Anlaß.

(Rote-Bete-Salat mit Mandeln und Meerrettich, Rezept S. 46)

Rote-Bete-Salat mit Mandeln und Meerrettich

Für 4 Portionen
Zubereitungszeit: ca. 45 Min.
ca. 340 kcal/1420 kJ

800 g rote Bete
50 g Meerrettichwurzel
2 Bund Schnittlauch
100 g geschälte Mandeln
4 EL Rotweinessig
4 EL Öl
Salz
schwarzer Pfeffer aus der Mühle

1. Die rote Bete je nach Größe in ½–1 Stunde gar kochen. Abschrecken, schälen und in feine Scheiben schneiden.
2. Die Meerrettichwurzel schälen und fein reiben. Den Schnittlauch waschen und kleinschneiden. Mit den gestiftelten Mandeln und den anderen Zutaten in eine Schüssel geben.
3. Aus Essig, Öl, Salz und Pfeffer eine Marinade rühren. Über den Salat gießen und alles gut mischen.
(auf dem Foto S. 44/45)

Kartoffelsalat mit Stangensellerie und Champignons

Für 4 Portionen
Zubereitungszeit: ca. 45 Min.
ca. 550 kcal/2310 kJ

800 g neue Kartoffeln
150 g Stangensellerie
200 g durchwachsener Speck
1 EL Öl
200 g Champignons
4 EL Weißweinessig
Salz
schwarzer Pfeffer aus der Mühle
1 Msp. gemahlener Kümmel
2 rote Zwiebeln

1. Die Kartoffeln waschen und in 20–30 Minuten garen. Schälen und noch warm in dünne Scheiben schneiden.
2. Den Stangensellerie waschen, falls Fäden vorhanden sind, diese entfernen. Den Stangensellerie in feine Scheiben schneiden und zu den Kartoffeln geben.
3. Den Speck von der Schwarte befreien und in schmale Streifen schneiden. Im heißen Öl knusprig ausbraten.
4. Die Champignons putzen, abbrausen und blättrig schneiden (das geht schnell mit dem Eierschneider). Im verbliebenen Bratfett auf beiden Seiten braun braten. Aus der Pfanne nehmen.
5. Den Weißweinessig zu dem Öl in die Pfanne geben. Salz, Pfeffer und Kümmel dazufügen. Diese Sauce noch warm über den Salat gießen und etwa 10 Minuten ziehen lassen.
6. Inzwischen die Zwiebeln schälen und fein hacken. Über den Salat streuen und gut durchmischen. Den Salat noch lauwarm servieren.
(auf dem Foto rechts)

Variation

Wenn Sie Kalorien sparen möchten, können Sie den durchwachsenen Speck gut durch geräucherte Putenbrust ersetzen. Sie wird einfach in kleine Würfel oder aber in schmale Streifen geschnitten.

Avocadosalat mit Krabben

Für 4 Portionen
Zubereitungszeit: ca. 40 Min.
ca. 535 kcal/2260 kJ

500 g möglichst gleich große Kartoffeln
3 reife Avocados
Zitronensaft
300 g Krabben
5 EL Öl
5 EL Weißweinessig
Salz
frisch gemahlener weißer Pfeffer
etwas geriebene Muskatnuß
1 Handvoll Kerbel

1. Die Kartoffeln in 20–30 Minuten gar kochen. Auskühlen lassen, schälen und in feine Scheiben schneiden.
2. Die Avocados vorsichtig schälen, längs halbieren und quer in feine Scheiben schneiden. Sofort mit Zitronensaft beträufeln, damit sie nicht braun werden.
3. Krabben, Avocadoscheiben und Kartoffeln in einer Schüssel mischen.
4. Aus Öl, Weißweinessig, Salz, Pfeffer und Muskat eine Marinade rühren. Über den Salat gießen und gut durchmischen.
5. Den Kerbel waschen, entstielen und den Salat damit bestreuen.
(auf dem Foto: links)

Lauchsalat mit Zungenstreifen

Für 6 Portionen

Zubereitungszeit: ca. 20 Min.
ca. 245 kcal/1015 kJ

800 g Lauch
400 g gepökelte Rinderzunge
4 EL Weißweinessig
Salz
schwarzer Pfeffer aus der Mühle
4 EL Öl

1. Den Lauch putzen, längs halbieren und gut ausspülen. Schräg in breite Stücke schneiden. 1 Minute in kochendes Wasser geben. Abgießen und eiskalt abschrekken, damit er schön grün bleibt. Sehr gut abtropfen lassen. Die Rinderzunge in schmale Streifen schneiden.
2. Aus Weißweinessig, Salz, Pfeffer und Öl mit dem Schneebesen eine cremige Sauce rühren. Die Lauchstücke und die Zungenstreifen in eine Schüssel füllen und gut mit der Sauce durchmischen.
(auf dem Foto: rechts)

Pilzsalat mit Croûtons

Für 6 Portionen
Zubereitungszeit: ca. 30 Min.
ca. 245 kcal/1035 kJ

150 g Feldsalat
300 g Champignons
300 g Austernpilze
2 EL Öl
4 Scheiben Toastbrot
3 EL Butter oder Margarine
4 EL Rotweinessig
5 EL Öl
Salz
Pfeffer aus der Mühle
1 Msp. scharfer Senf

1. Den Feldsalat putzen, waschen und abtropfen lassen.
2. Die Champignons und die Austernpilze putzen und waschen. Die Austernpilze in schmale Streifen schneiden, die Champignons halbieren oder, wenn sie sehr groß sind, vierteln. Im heißen Öl 5 Minuten braten, in eine Schüssel geben.
3. Das Toastbrot entrinden, in kleine Würfel schneiden und in der heißen Butter (oder Margarine) gut kroß braten.
4. Aus Rotweinessig, Öl, Salz, Pfeffer und Senf eine Marinade rühren. Zusammen mit den Brotwürfeln und dem Feldsalat in die Schüssel geben und alles gut vermischen.
(auf dem Foto oben: links)

Selleriesalat mit Frühlingszwiebeln

Für 4 Portionen
Zubereitungszeit: ca. 20 Min.
(ohne Kochzeit)
ca. 180 kcal/760 kJ

1 grober Sellerie à 800 g
Salz
1 Bund Frühlingszwiebeln
Pfeffer aus der Mühle
5 EL Rotweinessig
5 EL Öl

1. Den Sellerie in 45 Minuten gar kochen. Aus dem Salzwasser nehmen, abtropfen und auskühlen lassen. Schälen und würfeln.
2. Nun die Frühlingszwiebeln waschen, putzen und in feine Ringe schneiden.
3. Pfeffer und Salz mit dem Essig verrühren, bis sich das Salz ganz aufgelöst hat. Das Öl mit dem Schneebesen kräftig unterrühren, bis die Marinade cremig ist. Die Frühlingszwiebeln sorgfältig unterrühren.
4. Den Sellerie vorsichtig in der Marinade wenden.
(auf dem Foto oben: rechts)

Variation

Wer's gerne deftig mag, kann 150 Gramm durchwachsenen Speck fein würfeln, ausbraten und untermischen.

Rosenkohlsalat mit Lachsschinken

Für 4 Portionen
Zubereitungszeit: ca. 30 Min.
ca. 295 kcal/1245 kJ

750 g Rosenkohl
Salz
3 Schalotten
150 g Lachsschinken in feinen Scheiben
4 EL Weißweinessig
6 EL Sonnenblumenöl
1 EL frisch geriebener Parmesankäse
schwarzer Pfeffer aus der Mühle
frisch geriebene Muskatnuß
1 Bund glatte Petersilie

1. Den Rosenkohl putzen, gründlich waschen und in einen Topf geben. Knapp mit Salzwasser bedecken und je nach Größe der Röschen 15–20 Minuten dünsten. In ein Sieb schütten und gut abtropfen lassen.
2. Die Schalotten schälen und in feine Ringe schneiden. Den Lachsschinken vom Fettrand befreien und in Streifen schneiden.
3. Den Weißweinessig mit dem Sonnenblumenöl, dem Parmesankäse, Salz, Pfeffer und Muskat gründlich verrühren. Rosenkohl, Schalottenringe und Schinkenstreifen dazufügen und alles gut mischen.
4. Die Petersilie abbrausen, von den Stengeln zupfen und über den Salat streuen.
(auf dem Foto unten)

Chicorée-Puten-Salat

Für 4 Portionen
Zubereitungszeit: ca. 25 Min.
ca. 530 kcal/2240 kJ

500 g Chicorée
4 Putenschnitzel à 120 g
2 EL Butter
2 Äpfel
Zitronensaft
100 g Walnußkerne, grobgehackt
4 EL Weißweinessig
Salz
weißer Pfeffer aus der Mühle
2 EL Tomatenmark
1 Becher Joghurt
1 Päckchen 8-Kräuter-Mischung (TK-Produkt)
4 EL Erdnußöl

1. Den Chicorée putzen, waschen und quer in schmale Streifen schneiden.
2. Die Putenschnitzel in dünne Streifen schneiden. In der heißen Butter gut anbraten.
3. Inzwischen die Äpfel schälen, vierteln, von Gehäuse befreien, in Scheiben schneiden und sofort mit Zitronensaft beträufeln. Zusammen mit dem Chicorée und den Walnüssen in eine Schüssel geben.
4. Essig, Salz, Pfeffer, Tomatenmark, Joghurt, Kräuter und Öl gut mit dem Schneebesen verrühren. Die Marinade über den Salat gießen, das Putenfleisch dazugeben und alles gut miteinander mischen.
(auf dem Foto: oben)

Blumenkohl-Eier-Salat

Für 4 Portionen
Zubereitungszeit: ca. 1 Std.
ca. 265 kcal/1110 kJ

1 Blumenkohl à 1 kg
Salz
4 hartgekochte Eier
2 kleine rote Paprikaschoten
1 mittelgroße Zwiebel
5 EL Weißweinessig
1 TL süßer Senf
5 EL Öl
schwarzer Pfeffer aus der Mühle
1 Prise gemahlener Kümmel
1 Bund Schnittlauch

1. Den Blumenkohl in Röschen teilen und die Strunkstücke in Scheiben schneiden. In kochendem Salzwasser je nach Größe der Röschen 6–8 Minuten garen. In einem Sieb abtropfen lassen, in eine Schüssel geben.
2. Die Eier schälen und auf dem Eierschneider einmal längs und einmal quer durchschneiden. Den Paprika waschen, putzen und in kleine Würfel schneiden. Beides zum Blumenkohl geben.
3. Aus Weißweinessig, Senf, Öl, Salz, Pfeffer und Kümmel eine Marinade rühren, über die Zutaten gießen und gut durchmischen.
(auf dem Foto: unten)

Variation

Drei Toastbrotscheiben in kleine Würfel schneiden, in Butter knusprig ausbraten und über den Salat streuen.

FÜR EILIGE – SALATE MIT EIERN ODER KÄSE

Ob man nun sich selbst, die Familie oder Gäste verwöhnen möchte – wenn nur wenig Zeit zur Verfügung steht, ist es oft nicht leicht, etwas Schmackhaftes auf den Tisch zu zaubern. Salate mit Ei oder Käse sind in solchen Fällen eine gute Lösung:
Einfach mal zwischendurch, als Mittagessen oder am Abend mit frischem Brot oder dampfenden Pellkartoffeln – sie schmecken immer und sind obendrein schnell zubereitet.

(Käsesalat mit Mais und Wurst, Rezept S. 56)

Käsesalat mit Mais und Wurst

Für 4 Portionen
Zubereitungszeit: ca. 20 Min.
ca. 690 kcal/2905 kJ

1 Dose Maiskörner à 410 g
3 Fleischtomaten
2 grüne Paprikaschoten
1 Zwiebel
4 Debrecziner Würste
4 EL Essig
Salz
schwarzer Pfeffer aus der Mühle
6 EL Olivenöl
1 TL Oregano
200 g Schafskäse

1. Den Mais in ein Sieb schütten und abtropfen.
2. Die Tomaten überbrühen, die Haut abziehen und quer zum Stengelansatz halbieren. Stengelansatz und Kerne entfernen. Das Fruchtfleisch würfeln. Die Paprikaschoten waschen, putzen und in feine Streifen schneiden. Die Zwiebel schälen und fein hacken. Die Wurst in dünne Scheiben schneiden.
3. In einer Schüssel Essig, Salz und Pfeffer gut verrühren. Das Öl darunterschlagen.
4. Oregano, Maiskörner, Tomaten, Paprika, Zwiebel und Wurst in eine Schüssel geben. Den Schafskäse zerbröckeln und dazufügen.
5. Alles vermischen und den Salat kurz durchziehen lassen.
(auf dem Foto S. 54/55)

Eiersalat mit Paprika und Roquefort

Für 4 Portionen
Zubereitungszeit: ca. 45 Min.
ca. 415 kcal/1725 kJ

8 Eier
je 1 gelbe, grüne und rote Paprikaschote
1 mittelgroße Zwiebel
Saft von 2 Zitronen
Salz
schwarzer Pfeffer aus der Mühle
4 EL Olivenöl
1 TL Thymian
100 g Roquefort

1. Die Eier hart kochen, abschrecken, pellen und ganz auskühlen lassen.
2. Die Paprikaschoten waschen, putzen und in kleine Würfel schneiden. Die Zwiebel schälen und fein hacken.
3. Aus Zitronensaft, Salz, Pfeffer, Olivenöl und Thymian mit dem Schneebesen eine cremige Sauce schlagen.
4. Die Eier einmal längs, dann einmal quer in den Eierschneider legen, so entstehen kleine Würfel. Diese mit dem Paprika und den Zwiebeln in eine Schüssel geben und mit der Sauce übergießen. Durchmischen und etwa 10 Minuten ziehen lassen.
5. Den Roquefortkäse zwischen den Fingern zerkrümeln und über den Salat streuen.
(auf dem Foto rechts: unten)

Käsesalat mit Trauben und Nüssen

Für 4 Portionen
Zubereitungszeit: ca. 30 Min.
ca. 685 kcal/2895 kJ

400 g Emmentaler in feinen Scheiben
250 g blaue Weintrauben
100 g gehackte Walnüsse
3 EL Weißweinessig
3 EL Walnußöl
Salz
schwarzer Pfeffer aus der Mühle
frisch geriebene Muskatnuß
1 Zwiebel
1 Bund Petersilie

1. Den Käse von der Rinde befreien, in schmale Streifen schneiden und in eine Schüssel geben.
2. Die Trauben waschen, halbieren und die Kerne mit einer Messerspitze herauslösen. Mit den Walnüssen unter den Käse heben.
3. Aus Weißweinessig, Walnußöl, Salz, Pfeffer aus der Mühle und frisch geriebener Muskatnuß mit dem Schneebesen eine cremige Sauce rühren.
4. Die Zwiebel schälen und fein hacken. Die Petersilie waschen und die Blättchen abzupfen. Beides zum Salat geben.
5. Die Sauce über den Käsesalat gießen und alles gründlich mischen.
(auf dem Foto rechts: oben)

Eier-Schnittlauch-Salat

Für 4 Portionen
Zubereitungszeit: ca. 25 Min.
ca. 330 kcal/1400 kJ

5 Bund Schnittlauch
8 hartgekochte Eier
4 EL Weißweinessig
Salz
Pfeffer aus der Mühle
1 Prise Zucker
3 EL Olivenöl
3 EL Crème fraîche

1. Den Schnittlauch waschen, in feine Röllchen schneiden. Die Eier schälen, im Eierschneider – einmal längs, einmal quer – in Würfel teilen. Mit den Schnittlauchröllchen in eine Schüssel geben.
2. In einem Schälchen Essig, Salz, Pfeffer und Zucker verrühren, bis sich das Salz ganz aufgelöst hat. Das Öl mit dem Schneebesen darunterschlagen, damit eine cremige Marinade entsteht. Mit der Crème fraîche vermischen.
3. Die Marinade über Eier und Schnittlauch gießen. Vorsichtig mischen, kurz ziehen lassen.
(auf dem Foto: oben)

Feinschmecker-Tip

Mit Vollkornbrot oder Pellkartoffeln servieren.

Bunter Mozzarella-salat mit Sprossen

Für 4 Portionen

Zubereitungszeit: ca. 25 Min.
ca. 345 kcal/1465 kJ

1 Kopfsalat
400 g Tomaten
2 Kugeln Mozzarella à 200 g
3 EL Rotweinessig
Salz
schwarzer Pfeffer
frisch geriebene Muskatnuß
5 EL Olivenöl
4 EL Radieschen- oder
Sojasprossen

1. Den Kopfsalat putzen, zerteilen und gut waschen. In einem Sieb abtropfen lassen. Größere Blätter zerpflücken.
2. Die Tomaten waschen, achteln und dabei den Stengelansatz entfernen.
3. Den Mozzarella erst in Scheiben, dann in kleine Würfel schneiden.
4. In einer großen Schüssel den Rotweinessig mit dem Salz verrühren, bis es sich ganz aufgelöst hat. Pfeffer aus der Mühle und etwas frisch gemahlene Muskatnuß zugeben. Das Olivenöl in dünnem Strahl dazufließen lassen und dabei kräftig mit dem Schneebesen durchschlagen.
5. Alle Zutaten in die Schüssel füllen und mit der Sauce mischen. Mit den Sprossen bestreuen.
(auf dem Foto: unten)

Eier-Spargel-Salat

Für 4 Portionen
Zubereitungszeit: ca. 35 Min.
ca. 415 kcal/1750 kJ

- *8 Eier*
- *500 g grüner Spargel*
- *Salz*
- *250 g gepökelte Putenbrust in dicken Scheiben*
- *200 g Kirschtomaten*
- *2 Bund Schnittlauch*
- *5 EL Rotweinessig*
- *schwarzer Pfeffer aus der Mühle*
- *5 EL Olivenöl*

1. Die Eier hart kochen, kalt abschrecken und pellen.
2. Den Spargel schälen und in kochendem Salzwasser 12 Minuten garen. Herausnehmen, abtropfen lassen und in 1 Zentimeter lange Stücke schneiden.
3. Die Putenbrust in kleine Würfel schneiden.
4. Die Kirschtomaten waschen und vom Stengelansatz befreien. Den Schnittlauch abbrausen und kleinschneiden. Die Eier grob hacken. Alle Zutaten in eine Schüssel füllen.
5. Den Rotweinessig mit Salz und Pfeffer verrühren, bis sich das Salz ganz aufgelöst hat. Das Öl kräftig mit dem Schneebesen unterschlagen. Über den Salat gießen, durchmischen und 20 Minuten zugedeckt ziehen lassen.
(auf dem Foto oben)

Käse-Birnen-Salat

Für 4 Portionen
Zubereitungszeit: ca. 30 Min.
ca. 345 kcal/1440 kJ

- *2 mittelgroße Köpfe Radicchio*
- *2 reife Birnen*
- *Zitronensaft*
- *200 g Harzer Käse*
- *3 EL Weißweinessig*
- *Salz*
- *schwarzer Pfeffer aus der Mühle*
- *1 Msp. Cayennepfeffer*
- *3 EL Sojaöl*
- *1 Bund Schnittlauch*

1. Den Radicchio von den äußeren, und unansehnlichen Blättern befreien. Die restlichen Blätter vom Kopf lösen, gut waschen und grob zerpflücken.
2. Die Birnen waschen, vierteln und entkernen. Das Fruchtfleisch würfeln und sofort mit Zitronensaft beträufeln, damit es hell bleibt.
3. Den Harzer Käse in kleine Würfel schneiden.
4. Aus Weißweinessig, Salz, Pfeffer, Cayennepfeffer und Sojaöl mit dem Schneebesen eine cremige Marinade rühren. Den Schnittlauch abbrausen, kleinschneiden und unter die Sauce mischen. Alle Zutaten zur Marinade geben und gut durchmischen.
(auf dem Foto unten: links)

Mozzarella-Tortellini-Salat

Für 4 Portionen
Zubereitungszeit: ca. 45 Min.
ca. 835 kcal/3510 kJ

- *250 g Tortellini*
- *Salz*
- *2 Kugeln Mozzarella à 200 g*
- *2 kleine Zucchini à 125 g*
- *1 Zwiebel*
- *3 EL Rotweinessig*
- *1 TL mittelscharfer Senf*
- *1 EL Tomatenmark*
- *schwarzer Pfeffer aus der Mühle*
- *5 EL Olivenöl*
- *1 Bund Basilikum*

1. Die Tortellini in kochendem Salzwasser nach Packungsanweisung garen. In ein Sieb gießen und sehr gut abtropfen und auskühlen lassen.
2. Den Mozzarella in kleine Würfel schneiden.
3. Die Zucchini vom Stengelansatz befreien, waschen und ebenfalls kleinwürfeln.
4. Die Zwiebel schälen, fein hacken und mit den übrigen Zutaten zusammen in eine Schüssel geben.
5. Aus Rotweinessig, Salz, Senf, Tomatenmark, Pfeffer und Öl eine Marinade rühren und über den Salat gießen. Mehrmals mischen und 15 Minuten ziehen lassen.
6. Das Basilikum abbrausen, die Blättchen von den Stengeln zupfen und vor dem Servieren über den Salat streuen.
(auf dem Foto unten: rechts)

Eiersalat mit Chicorée und Kresse

Für 4 Portionen
Zubereitungszeit: ca. 25 Min.
ca. 310 kcal/1295 kJ

8 Eier
500 g Chicorée
3 Kästchen Kresse
5 EL Weißweinessig
5 EL Öl
2 TL scharfer Senf
Salz
weißer Pfeffer aus der Mühle

1. Die Eier hart kochen, kalt abschrecken und pellen.
2. Den Chicorée längs halbieren und waschen. Am unteren Ende den bitteren Kern herausschneiden, dann die Stauden quer in fingerbreite Streifen schneiden.
3. Die Eier mit dem Eierschneider einmal längs und dann einmal quer durchschneiden, so daß kleine Würfel entstehen (wer keinen Eierschneider hat, kann sie auch grob hacken). Die Chicoréestreifen und die Eierwürfel zusammen in eine Schüssel geben.
4. Die Kresse abbrausen, mit der Küchenschere über der Salatschüssel die Blättchen abschneiden.
5. Aus Essig, Öl, Senf, Salz und Pfeffer eine Marinade rühren. Über den Salat gießen und gründlich durchmischen.
(auf dem Foto: oben)

Eier-Kartoffel-Salat mit grüner Sauce

Für 4 Portionen
Zubereitungszeit: ca. 45 Min.
ca. 285 kcal/1200 kJ

600 g neue Kartoffeln
4 Eier
2 Bund Petersilie
2 Bund Schnittlauch
3 Schalotten
2 Becher Joghurt
Salz
weißer Pfeffer aus der Mühle
etwas Zitronensaft
1 Prise Paprikapulver, edelsüß

1. Die Kartoffeln waschen und in 20–30 Minuten garen. Schälen und noch warm in dünne Scheiben schneiden.
2. Die Eier 10 Minuten kochen. Abgießen und kalt abschrecken. Dann schälen und auskühlen lassen.
3. Die Kräuter gründlich waschen und mit Küchenkrepp abtrocknen. Die Schalotten schälen. Kräuter und Schalotten sehr fein schneiden oder hacken.
4. Den Joghurt mit einer Gabel schlagen und mit Salz und Pfeffer würzen. Die gehackten Kräuter und Schalotten unterrühren. Die Sauce mit Zitronensaft und Paprika abschmecken.
5. Die Eier vierteln und mit den Kartoffeln in eine Schüssel geben. Die Kräutersauce daruntermischen.
(auf dem Foto: unten)

REZEPTVERZEICHNIS

Abkürzungen: EL = Eßlöffel, g = Gramm, kg = Kilogramm, l = Liter, Msp. = Messerspitze, TL = Teelöffel

---

Kalorien-/Jouleangaben: Alle Kalorien-/Jouleangaben in diesem Buch beziehen sich auf eine Portion des jeweiligen Gerichtes.

„Falken-Feinschmecker" ist eine exquisite Kochbuchreihe, deren Bände immer einem besonderen Thema gewidmet sind. So kommt jeder Genießer auf seine Kosten. Fragen Sie Ihren Buchhändler.

CIP-Titelaufnahme der Deutschen Bibliothek

Adam, Cornelia:
Schlemmersalate: frisch u. leicht als Hauptgericht / Cornelia Adam. [Fotos: Volker Uphoff]. – Niedernhausen/Ts.: Falken-Verl., 1988
(Falken Bücherei) (Falken-Feinschmecker)
ISBN 3-8068-0934-8

ISBN 3 8068 0934 8

Titelbild und Fotos: Grauel und Uphoff, Atelier für Werbefotografie, Hannover

Die Ratschläge in diesem Buch sind von Autor und Verlag sorgfältig erwogen und geprüft, dennoch kann eine Garantie nicht übernommen werden. Eine Haftung des Autors bzw. des Verlages und seiner Beauftragten für Personen-, Sach- und Vermögensschäden ist ausgeschlossen.

Gesamtproduktion: Falken-Verlag GmbH, D-6272 Niedernhausen/Ts.

817 2635 4453 6271